시비 걸기

심지시선 012

시비 걸기

2011년 2월 17일 초판 1쇄 발행

지은이 김명자
펴낸이 윤영진
편 집 함순례
디자인 함광일 이경훈
홍 보 한천규
펴낸곳 도서출판 심지
등록 제 2005-5호
주소 300 -170 대전광역시 동구 삼성동 125-2 4층
전화 042 635 9942
팩스 042 635 9941
전자우편 simji42@hanmail.net

ISBN 978-89-91109-07-0 03810

심
지
시
선

012

시비 걸기

김명자 시집

□ 시인의 말

부끄럽지만 첫 시집을 내기로 했습니다.

늘 꿈꾸며 사느라고 남편과 세 아이, 친구, 이웃들과 마음 나누지 못한 것이 미안하기 때문입니다. 때 맞춰 꽃 피고, 때 맞춰 눈 내리는 아름다운 세상에 살면서 나도 무언가 피우고 내리고 싶었기 때문입니다. 늘 격려해준 문우들과 선배들께 감사의 말씀을 전하고 싶었기 때문입니다.

그저, 평범한 이웃집 아줌마가 이렇게 살고 있구나, 이해해주시면 고맙겠습니다.

2011년 겨울

김명자

차례

제2부 목련이 피려고

제3부 분바르는 아버지

제1부

시비 걸기

시비 걸기

스쳐가는 바람
흘러가는 강물
봄에 피는 꽃들
여름날 소낙비
그들은 나에게
아무 짓도 안 했는데
괜히 혼자서
시비 걸며 웃다가
시비 걸며 울다가
돌아보면
어느새 내 가슴에도
바람이 불고
강물이 흐르고
꽃들이 피어나고
한 줄기 소낙비 쏟아지더라

봄날 · 1

나는 정말 아무 잘못이 없는데
봄 강가에 그냥
앉아 있었을 뿐인데
내 가슴 왜 이리 콩닥거리고
내 얼굴 왜 이리 달아오를까
나는 정말 아무 잘못이 없는데
정말 없는데

매화나무 가지 치며

입춘 추위 멈칫한 날
매화나무 가지 치다
조롱조롱 새색시 잇몸 같은
꽃망울에 손길이 더디어진다

매화나무 나이
많이 잡아 다섯 살
적게 잡아 세 살인데
나는 언제쯤
향기 나는 꽃 한 송이
피워 볼까나

매화나무처럼
물도 먹고 바람도 먹고
햇볕도 먹었는데
열배도 더 먹었는데
나는.

튤립

꽃집 앞을 지나다가
무심코 들어가서
튤립 한 송이 천 원에 샀다

진홍빛 갓등을 켜고
세상을 밝히려는
어여쁜 마음도 좋았지만
바다보다 낮은 나라
튤립의 고향이 생각나서다

동양의 낯설고 먼 나라
시골 도시 작은 꽃집
플라스틱 물통에 발 담그고
창밖
봄 하늘 해바라기하는
튤립의 고향에 가보고 싶어서
딱, 한 송이 천원에 샀다

인도

모든 일들이
신의 뜻대로 이루어진다고 믿는
순한 사람들이 모여 산다는 곳
인도에 가고 싶다

가서
갠지스강에 때 묻은 육신을 씻고
그들만의 신을 향해 두 손 모으며
그들 틈에 섞여
오직 신의 뜻대로 살고 싶다

어제도 그저께도 가고 싶었지만
오늘은 정말이지
인도에 가고 싶다

초보 도공의 꿈

이 한 덩이 흙으로 무얼 만들까
흰 눈빛 머금은 꽃병 만들어
서리 밤에 피어난 산다화 꽂아둘까
소박하고 정갈한 찻잔 만들어
소식 뜸한 친구 불러
차 한 잔 나눌까
불과 바람 이슬 함께 버무려
내 죽어도 살아남을
촛대 하나 만들까
욕심은 끝이 없고
손끝은 떨리니
이 한 덩이 흙으로 무얼 만들까

수술실에서

살아 있으니 살아지는 줄 알다가
말짱한 정신으로 수술대에 누우니
눈앞이 노래지는 절망감
하느님을 부르자니 염치없고
부처님을 찾자니 주제넘고
별 것 아닌 것 같았던 생이
더 없이 소중해지는 순간

뜨개질

잠 못 드는 밤에는 뜨개질을 한다
도시의 소음 잠든 고요 속에서
한 올 실에 바늘을 걸어
정성을 다해 한 올 한 올 뜨다보면
잠 못 드는 걱정도 가슴 아리던 섭섭함도
한 올 실에 엮여
꽃과 새 나비로 피어나
아름다운 한 폭 그림이 된다
어쩌면 우리네 삶도
한 가닥 실로 뜨는 뜨개질이 아닐까
잠시 잠깐 방심하면
바늘이 손끝을 찌르기도 하고
때로는 올이 빠져 제멋대로 엉켜버리는

밥

나는 밥 먹을 때가 행복하다
밥이 없었을 때나
밥이 있어도 몸이 아파
못 먹던 때를 생각하면
달짝지근한 밥알이 입안을 돌아
목구멍을 넘어갈 때
내 아이에게 밥 한술 더 떠서
얹어줄 수 있을 때
눈물겹도록 감사하다
나는 밥 먹을 수 있을 때가
가장 행복하다

근황

지독히 외로움을 타는
한 여자가 있었습니다

벚꽃이 눈처럼 쏟아지던 봄날
사람 체온이 그리웠던 그 여자
벚꽃 길 시장 길 쏘다니며
안테나 높이 세우고
실실 웃으며
오가는 사람들에게
신호를 보냈지만

아무 곳에도 섞여들지 못한
그 여자
학교 앞 노점상에서
병아리 두 마리 사서
돌아왔답니다

그 여자
병아리 모이 챙겨 주느라
봄을 잊고 산다는군요

바람 부는 날

입춘 지났지만
아직은 바람소리 서걱대는 날
연분홍 머플러 목에 두르고
봄맞이 나섰더니

봄은 보이지 않고
앞서 걷는 친구의
꼬불꼬불한 파마머리 밑
뿌리 쪽 반쯤 세어버린
뒤통수만 눈에 든다

그날 이후 나는
춥거나 덥거나
바람 부는 날에는 모자를 쓴다

돌탑 쌓기

길섶이나 너럭바위 고갯마루에서
크고 작은 돌탑들을 만날 수 있다
하늘에 닿아야할 염원 있었던가
오가는 사람들
한 개씩 돌을 얹어 쌓은 탑
나 또한
간절한 소망 있어
작은 돌 들고 보니 성에 안차고
큰 돌을 얹으려니 무너질까 겁이 나고
만화방창 화창한 날
꽃구경도 잊은 채
온 하루
돌탑 곁만 맴돌다 왔다

떠나고 싶은 날

사는 것이 팍팍하게 느껴지는 날엔
도피라는 누명을 쓰더라도
꿈꾸던 고향으로 떠나고 싶다

산수유 노랗게 봉오리지면
앞산 뻐꾸기 절로 깨어 노래하고
토담 밑 햇살 한 줌
나를 위해 따스한 곳

하늘 산 바람 바위 나무 풀 꽃
노루 토끼 다람쥐 박새 개구리가
어울려서 정답게 살아가는 곳

눈 녹은 자리에 씨앗을 넣고
햇살 바른 곳에 초막집 지어
길짐승 날짐승 불러 모아
춤추고 노래하며 뒹굴다보면

나도 한 마리 짐승이 되겠지

사는 것이 팍팍하게 느껴지는 날엔
도피라는 누명을 쓰더라도
꿈꾸던 고향으로 떠나고 싶다

나는 누구

나는 새
작은 날개 퍼덕일 공간만 있으면
날고 싶은 작은 새

나는 바람
바늘구멍만한
틈새만 있어도
새어나가고 싶은
나는
잡히지 않는 바람

나는 꿈
세월도 나이도
셈할 줄 모르고
알라딘의 램프를
품고 사는
나는 꿈

새는 새말로 우는데

새는 새 말로 울고
닭은 닭 말로 울고
소는 소 말로 우는데
사람인 나는
그 어떤 소리로도
울 수가 없네
그 많은
사람의 말 중에
어떤 소리로 울어야 할지를 몰라
마음껏 소리쳐 울지도 못하네

나만의 길

앞서간 사람의 발자국이
길이 된 길을 따라서 걷다가
가끔 나는
내 길을 내고 싶다는 생각을 한다

굽은 길 바른 길 오솔길 비탈길
많고 많은 길들 중에
원래
거기 있었던 길은 없었을 테니까

평범한 내 한 발자국도
뒤에 올 누군가를 위하여
좁지만 어둡지 않고
굽어도 험하지 않으며
땅속의 미물도 밟히지 않고
작은 풀꽃이 사시사철 피고 지는
그런 길 하나 만들고 싶다

달 뜨면 달과 걷고
해 뜨면 그림자 동행하며
뻐꾹새 울음 따라 노래 부르고
소쩍새 울음 따라 헤매다보면
사람이 그리워지는
사무치도록 사람이 그리워지는
지구상에 단 하나 뿐인 길
그런 길 하나 만들고 싶다

헛말

실없는 사람이라는
소릴 들어도
나는 헛말을 잘하는 사람을
좋아한다

사람과 사람의 관계에서
꼭 집어서
본 대로 느낀 대로 분석하고
따지고 계산하는 사람은
얼마나 피곤하고 어려운 사람인가

조금은 허풍과 거짓이 섞였더라도
상대를 기분 좋게 하는
잘 한다고, 멋지다고, 너무 곱다고
칭찬하고 위로하고 격려해주는
그런 말들 입에 달고 사는 사람
나는 그런 사람이 좋다

길에서

바람결 서늘한 날
무작정 나선 길
어느 강가에서 날이 저문다
서쪽 하늘 붉게 물들이며
타는 저녁놀
문득 돌아가야 할 것 같아
돌아서다 멈춰 선다
육신은 떠나온 곳으로 가자 하는데
내 영혼은
돌아갈 곳 몰라 아득하여라
노을 지는
저
산 너머 같기도 하고
잔물결 스러지는
저
강물 속 같기도 하고

사랑이 병이라면

내가 만약
사랑이라는 이름의 병에 걸린다면
그 병이 아무리 깊고 위중해도
절대로 절대로 고치지 않으리라

뇌성벽력이 천지를 진동하고
장대비 만물을 휩쓸어 가도
내 가슴은 사랑으로 콩닥거릴 것이요

칠흑 밤길 혼자 걸어도
꼬리별 하나
내게로 떨어지길 기도하며
황홀한 그리움에 행복할 것이요

눈 쌓인 달밤을 젖은 발로 달려올
그 한 사람 기다려
정갈한 찻잔 챙겨 찻물 끓이며

애절한 그리움에 시린 발 동동거리는

아,
생각만 해도 가슴 설레는 병

내가 만약
사랑이라는 이름의 병에 걸린다면
그 병이 아무리 깊고 위중해도
절대로 절대로 고치지 않으리라.

가을이 되어버린

입추도 한참 지나서인가
그악스레 울어대던
매미소리 잦아들고
초록으로 부풀었던 산천도
차분히 가라앉는 것 같다

푸석해진 머릿결
갈라지는 입술을 매만지다가
내 인생에도 가을이 왔음을
절감한다

환상과 열정의 봄날은
스쳐 보내고
천방지축 여름도 지나
이제

새벽안개 속에 서 있는

강가의 미루나무처럼
멀뚱거리며 서 있을 뿐
앞으로도 뒤로도 갈 수 없는
내 생의 가을

빈 의자

하늘 맑고
바람 쌀쌀한 날
무심히 나선 길 끝에 만난
빈 의자 하나
방금 전 누군가
머물다 갔는지
온기가 남아 있습니다

긴 인생길 가는 동안
잠시 쉬어갈 빈자리가
필요할 테지요

앞서간 사람이 남겨놓은 체온이
나를 따습게 해주듯이
내가 앉았다가 떠난 자리도
뒤에 올 누군가에게
따스한 위로가 되었으면

좋겠습니다

첫눈

눈이 온다
오래 기다리던 손님처럼

오래전
첫눈 오는 날
시인 백석은 사랑하는 나타샤와
당나귀를 타고 출출이 우는
산골로 떠나기를 원했지

오랜 후
첫눈 오는 날
그의 연인 자야는
한줌의 재가 되어 길상사 마당에서
연인의 눈 이불 덮고
영원히 잠들었지

무심하게

다시 눈이 온다
오래 기다리던 손님처럼

백석도 자야도 없는 이 땅에
눈은 내려 천지를 뒤덮는다

파도의 말

어떤 사람이 죽고 싶어
죽지 않고는
살 수 없을 것 같아
파도가 거칠다는
바닷가로 갔더란다
바다에 빠져 죽기 위해서

바다에 한발을 들여 놓으면
센 파도가 되밀어 내고
다시 한발 들여 놓으면
되밀어 내어서
바다로 걸어 들어가는 것도
쉽지가 않더란다

순간
파도가 그에게
살라고 살아보라고 소리치며

되밀어 내는 것만 같아서
파도의 말을 듣기로 했단다

그는
죽고 싶어서 바다에 갔지만
파도는 무작정 살아보라고 해서
돌아오고 말았단다

감꽃

싸리꽃 피기 전 한참은
갈라당 기슭에 감꽃 피는 철
샛별 유난히 고운 밤이면
먼—
산마을에 첫닭이 울고
어디서 감꽃 향기 봄 냄새에 섞여와
홀린 듯 문밖을 나서는 마음

밤새 맺힌 이슬에 맨발 적시며
몽당치마 가득 감꽃 주워
뒤란에 숨어서 몰래 먹던
달착지근 떨떠름 알 수 없던 꽃 맛

싸리꽃 피기 전 한참은
갈라당 기슭이 감꽃 피워
자욱이 봄 안개
덮어오는 새벽이면

못 잊을 기억의 저편
감꽃은 허기에 먹던 꽃
어린 마음 무척 애끓이던 꽃.

이매

이매여
턱이 없음을 기뻐하라
말로서 말 많은 세상에
턱이 없는 너는
차라리 성불이니

턱이 있는 나는
턱이 얇은 나는
오늘도
말로서 말 많아서
턱을 치며 울었나니

제2부
목련이 피려고

목련이 피려고

목련나무 가지에
참새 떼 앉아 재재거린다
통통한 참새 모습과
꽃받침에 얹힌
터질 듯한 꽃봉오리
참 많이 닮았다
오늘이 가고
첫새벽이 오면
목련꽃
그 수줍은 입술을 열어
봄밤을 지새우며 구애하던
아침 이슬과
첫 키스를 하고
참새는 둥지에서
알 속의 새끼와 부리를 맞출 것 같다.

복사꽃

강 건너
산밭에 꽃불 일자
남풍이 부채질이다
활활
잘도 탄다
놀란 가슴 콩닥거리며
불 끄러 갔다가
번지는 불길 잡지 못하고
내 볼만 빨갛게 익어서 왔다

찔레꽃

언니야
찔레꽃 피었다

나물 캐던 밭 언덕
첫사랑 꼴머슴과 소원 빌던 당집 앞
눈찌 곱던 그 얼굴 희미해지는데
꽃은 어쩌자고 저리 곱게 피는지

언니야
저 눈물 꽃 피우려고
열일곱 봄밤에 그토록 울었나
차마 깨치지 못해 품고 간 첫사랑도
입고 간 삼베 적삼도
이제는 다 삭아졌겠지

언니야
찔레꽃 피었다

입춘 풍경

어디서 봄 내음 맡았는지
온 동네 수캐들이
대문 앞에 몰려들더니
힘세고 잘 생긴 놈이
복길이와 짝을 짓는다
아쉬운 듯
맴돌던 수캐들, 컹컹대며
애꿎은 하늘보고 짖어댄다
잠자던 목련마저
화들짝 옷고름을 푼다

풍경

갓 모 심은 무논에
백로 한 쌍
모포기 헤집으며
먹이를 찾고 있다
무논 주인
어린 모 다칠까봐
훠이 훠이 소리쳐
백로를 쫓고 있다
멀리서 바라보는 내 눈에는
백로와 농부
아름다운 한 폭 그림만 같다

제주 돌하르방

돌하르방은 퉁방울눈을 하고
먼 바다를 보고 있다
용궁을 지키는 수문장처럼
온화한 미소로 눈길 맞추면서도
근접을 거부하는 듯이 큰 눈

어떤 이는
제주의 슬픈 역사가
돌하르방의 눈을 퉁방울이 되게 하였다 하고
누구는
사시사철 바다를 연모하다
물고기 눈이 되었다 하는데

나는
엉뚱하게도 내 손으로
돌하르방 눈을 감겨서
단 하룻밤만이라도 편히 잠들게 하고 싶구나

속담

몰염치 파렴치
후안무치까지
고명으로 얹은 사람들을 보니
벼룩도 낯짝이 있고
빈대도 콧등이 있다는
속담이 생긴 이유
알 것만 같다

사람 마음

늘 다니는 시장 길에
몸이 성하지 않은 사람 하나
사시사철 죽을상을 하고는
오가는 사람들에게
검게 찌든 손을 내밀고 앉아 있다

어느 날 부터인가 나는
그의 앞을 지나칠 때마다
천 원 한 장을 박카스 빈 통에
던져 넣으며 괜히 우쭐해 했는데

오늘도 나는 그 앞을 지나다가
습관처럼 지갑을 열어보니
천원권이 한 장도 없는 것 아닌가
만원을 주기에는 아까워서
기대에 찬 눈으로 내민 그의 언 손을
못 본 체 지나쳐 오고 말았다

달랑 만 원 한 장 때문에

오늘 나는

내 이 작은 적선이

위선임을 알게 되었다

장마

먹구름이 앞산 마루를 넘어오는 오후
채마밭가에 살던 개미들이
이사하느라 분주합니다
여럿이서 혼자서
끌기도 밀기도 하면서 먹잇감을
높은 곳으로 옮겨갑니다
쌈배추 겉잎에 붙어서 꼬물대던
애벌레도
더 높은 잎으로 오르기 위해
안간힘을 씁니다
미나리꽝의 청개구리도 뛰어오르고
망초꽃 사이를 분주히 날던 일벌들도
제집으로 숨어듭니다
장맛비에 쓸려가지 않으려는
목숨들의 생존이 눈물겹습니다
사람이나 미물이나
생존은 저토록 치열하다는 것을

목숨의 귀하기도 같다는 것을
처음 알았습니다

대행업 세상

이삿짐대행 논문대행
영농대행 청소대행
쇼핑대행 운전대행
심부름대행 간병대행
육아대행 임신대행
사랑고백대행 행사손님대행
온통 대행업 세상이다

나는 습관처럼 신문광고란의
대행업이라고 쓰인 곳은
꼭 읽어 본다, 어디
삶이 고달프고 힘든 이들을 위한
인생대행업은 없을까 해서
오늘도 샅샅이 뒤지는 중이다

대박 시대

입동이 한참 지나선지
시절이 어수선 해선지
싸늘해진 날씨만큼 마음도 스산한 날
무심히 지나다니던 길목
어둠 밝히는 불빛 아래 몰려선 사람들
실직에 장마에 태풍에 부도에
꿈을 잃어버린 사람들에게 꿈을 판다는
복권명당
휘황한 전광판 숫자는 시시각각 높아가고
창백한 얼굴로 행운의 여섯 숫자를 고르는
손들 떨리고 눈빛 더 붉어지는데
몇 끼 식사를 걸렀을 것 같은
초로의 사내에게
연체카드를 긁었을 것 같은 저 청년에게
기계가 정하는 숫자에 행운을 거는
저 아낙에게
일확천금에 눈멀었다고 돌 던질 수 있으랴

폭염주의보

온 나라에 폭염주의보가 내린 한낮
집 뒤쪽 골목길에서 싸움이 났다
폐지 줍는 할머니와
골목 안집 아주머니가 싸운다
골목길에 쌓아놓은 폐지와 고물들 때문이다
할머니의 묵묵부답에 화가 난 아주머니
잡동사니들을 발로 찬다
쇳소리를 내며 나뒹구는 헌 냄비와 폐지를
다시 주워 모으는 할머니
주름진 얼굴에선
땀인지 눈물인지 콩죽같이 흐른다
생활이 불편해진 아주머니를 나무랄 수도
딱한 처지의 할머니를 탓할 수 도 없는
이웃 사람들
저마다 한마디씩 한다
— 이 노무 날씨는 와 이리 덥노

입춘 무렵

햇살이 부쩍 도타워지더니
개울가 양지쪽에 해쑥이
새 순을 내밀락 말락 하고
버들개지 아가 손톱만큼씩 피었다
겨우내 꽁꽁 언 강물도
그 단단한 결속을 풀고
작고 큰 얼음장이 되어
밀며 끌며
주춤주춤 떠내려간다
벌구두데기 쑥 냉이 달래를
언 가슴으로 키워낸 일을 자랑하듯
굳어 있던 대지도
불쑥불쑥 살 거죽을 터뜨리며
흙 냄새 봄 냄새를 피워 올린다
낮달처럼 창백해진 내 손톱에도
곧 봄물이 들 것 같다

도깨비바늘

채전 밭에서
가을걷이를 하다 보니
생각 없이 입은 니트 옷에
도깨비바늘이 다닥다닥 붙었다

흔들어도 떨어지지 않아
하나하나 정성으로 뜯어내는데
더러는 부러지기도 하고
가시가 찌르기도 한다

쌀쌀한 바람을 맞으며
뜯어내려니 짜증도 났지만
그 악착스러움이
경이롭기도 했다

무엇에 붙여서라도
제 새끼를 떼어 보내며

신천지에 안착하기를 바랐을

어머니 마음

뻥튀기장수 박씨

이런 일 저런 일 겪고 나서
마지막이라 생각하고
뻥튀기 장사를 시작했다는 박씨 아저씨
온 나라가 이상난동으로
춥지 않은 겨울이라지만
박씨 아저씨의 겨울은 춥기만 하답니다
1톤 중고 트럭에 뻥튀기 기계 싣고
이 도시 저 골목 헤집고 다녀도
벌이가 신통치 않기 때문이지요
시대에 맞지 않는 먹을거리기도 하지만
더러 일감이 있어
골목 한구석에 자릴 잡아도
주민들에 쫓겨나기 다반사
이래저래 마음 시리고 몸만 상해 간다는
박씨 아저씨
찌푸린 하늘 쳐다보며
뻥튀기처럼 내 인생도 뻥튀기하고 싶다던

푸념이 귓가를 맴돕니다.

고양이 눈빛이 푸른 이유

눈보라 몰아치는 늦은 저녁
고양이 한 마리
바싹 마른 몸으로
음식물 수거함 주위를 맴돌며
신음 같은 소리로 울고 있다
수거함 뚜껑은 견고하게 닫혀 있고
주위에는 흘려놓은 찌꺼기도 없다
배고픈 고양이
냄새만 피우는 수거함을
뛰어 올랐다 내렸다 빙빙 돌다가
지쳤는지
푸른 섬광이 번득이는 눈으로
어딘가를 노려본다
저토록
섬뜩한 눈빛을 이제껏 본 일이 없다
가까운 곳에서 새끼고양이 우는 소리가
들린다

꼭 갓난아기 울음소리 같다

모성

한 마리 작은 어미개의 행위가
우리 가족 모두를 울게 했다
두 달 전 첫 배로 네 마리의 새끼를 난산한
우리 집 복길이
제 몸 하나 건사하기도 힘든 몰골에
네 마리 새끼에 젖을 먹이랴 돌보랴
힘에 겨운 모습이 안쓰러워
고기 몇 점
새끼 몰래 떼어 주었더니 한입 가득 물고는
한사코 몸부림쳐 새끼 앞에 가져가 뱉어 놓고
비틀비틀 와서는 마지막 한 점 고기까지 물어다
제 새끼 앞에 놓고는 지쳐 눕는 것이 아닌가
빈 입을 핥으며 새끼에게 젖을 물리는 복길이 앞에서
세 아이의 어미인 내가 괜히 무색해진다
모성본능이 저토록 처절한 것일까
개 같은 사람이 있다면 복길이는 사람 같은 개일까
개도 전생과 이생, 내생이 있어서

복길이가 죽어 환생한다면
지극한 모성 가진 인간으로 태어나지 않을까

당산 나무에 묻다

천년을 묵묵히 버티어 선
당산 나무 밑
지난밤
한 많은 한 사람
다녀갔나 보다
당산나무
막걸리 한 병과 북어 한 마리
얻어 자시고
그 가슴의 응어리
풀어 주었을까

새우

포식자의 눈을 피하느라
움츠리고 살아온 습관 때문인지
때가 되면
바다를 박차고 튀어 오르기 위한
준비 자세인지
새우들
하나같이 등 굽히고
어물전 좌판에 누워 있다
왜 그런지 나는
물어 볼 수도 없었지만
문득
오대양의 새우들
굽은 등 펴고 일시에 튀어 오른다면
바다엔 개벽이 일어날지도
모르겠다는 생각

청량사 부처님

마음이 부표처럼 떠다니는 날
가슴 치는 그 한 말씀 들을 수 있을까
무작정 두 손 모아 무릎 꿇어도
미련한 중생이라
무심한 부처님만 원망하다
돌아 서는 길

양지쪽 산자락에 모여 앉은 장독들
크고 작고 넓고 좁고
잘났거나 못났거나
골고루 비춰주는
봄볕 쬐며
고추장 된장 가리지 않고
익히고 삭히며
베푸시는 자비광명

아하,

부처님 그 한 뜻 여기에 있는 것을
슬그머니 장독 사이 앉아 본다.

입찰장에서

한 덩이 살점을 두고 사투를 벌이는
사자 떼처럼
모여 선 사람들 핏발 선 눈으로
말 않음으로 속마음 감추고
마른 입술 핥는다
초조함을 덜기 위해 피워 올린
자욱한 담배연기는
낮은 천장 밑을 맴돌고
목을 조이는 팍팍한 긴장 속에
저마다 간절한 소망으로
저마다의 신들을 불러 힘겨룸을 한다
욕심으로 앓는
나약한 인간을 욕하지 마십시오

청소

모든 일 뒤죽박죽일 때
머릿속이 혼돈으로 어지러운 날
만사 젖혀두고 청소를 한다
손톱발톱을 깎고 머리를 자르고
서랍을 정리하고
묵은 전화번호를 지운다
새 세상에 새 사람으로
태어난 것 같은 청량한 느낌
내가 청소를 하는 것은
잘 못 살아온 삶의 때를 지우는 일
번거롭고 귀찮은 일이지만
죽는 날까지 나는 이 일을
멈출 수가 없을 것 같다

제3부

분바르는 아버지

분바르는 아버지

배우도 탤런트도 아닌데
아버지는 날마다 분을 바르십니다

을축생 우리 아버지
주름진 얼굴에다
정성스레 뽀얗게 분을 바르십니다

혼자만의 즐거움을 들킨 어느 날
아버지는 변명처럼
— 나이 먹으면 냄새도 나고 해서

어머니도 안 계신데
어디 멋 부릴 데도 없는데
우리 아버지
저승꽃 핀 손으로 분 바르실 때마다
제 얼굴엔 얼룩이 집니다.

어머니와 고무신

어머니 자리에 누우신 지 십년
삭정이 같은 육신으로
하루에도 몇 번씩
이승과 저승을 오가시는 어머니
어느 날
정신 놓은 것 같아
마구 흔들어 깨웠더니
— 갈 길이 바쁜 데 너희들이 자꾸 불러 못 가잖나
화내시던 어머니
그래도 위급해 병원으로 업혀 갈 때
신지도 못할 흰 고무신
챙기시는 어머니

동서와 동생

막내 동생이 울면서 찾아왔다
매운 시집살이에 신랑 구박에
더는 살 수가 없단다
나는 그만 흥분하여
당장 이혼해
이 좋은 세월에 울어가며 시집 사니

막내 동서가 울면서 전화했다
이 일 저 일 속상해
더는 살 수가 없단다
선걸음에 달려가 두 손 잡고 한 말
동서 자네가 참게
어디 별난 살이 있던가

봄비 · 1

어제 아버지 산에 모셨는데
오늘 비가 내린다
봄비 내려야 꽃들 피겠지만
아버지 새 무덤 찬비에 젖겠다

봄비 · 2

우리 엄마 십 년 넘게
누워 계실 때
나는 자발없게도
엄마
이렇게 살아도
살아 있는 게 더 좋아

우리 엄마
나뭇등걸 같은 몸
돌아 뉘여 달라시며
— 개똥밭에 굴러도 이승이 좋다잖냐
　한 번 가면 못 오는데

한번 가신 우리 엄마
소식 없더니
이 아침 봄비 되어
돌아 오셨나

옷소매 적시며
봄비 맞게 하시네

오월에는 아이야, 그네를 타자

아이야
오월에는 너와 나 그네를 타자
어미가 힘껏 밀어 올릴 테니
멋지게 한번 날아보렴
노을 고운 저 산 밑에 누가 사는지
결 고운 이 바람은 어디서 불어오는지
언덕 넘어 숲길에는 무슨 꽃이 피었는지

어미가 아무리 힘껏 밀어도
네가 힘차게 발을 굴려도
날 수 있는 높이는
그넷줄 길이 만큼이지만

짧은 그넷줄이나마 꿈을 엮어 잇는다면
머나 먼 꿈으로도 날아 갈 수 있을 테니
아이야
오월에는 그네를 타자.

아들 수에게

사랑하는 내 아들 수야
애써 웃으며 태연하려는
너의 모습에
엄마는 속울음 운단다
장한 내 아들
그래 우리 웃자
너의 말대로
허허실실 전법이라 했던가
산다는 것은 도전이요 경쟁인 것을
젊어 한때 실패는
하늘로만 치닫는
너의
멀쑥한 키에 겸손을 얹어 주어
살도 찌게 하라는 뜻이겠지
사랑하는 내 아들 수야
혼자서는 절대 울지 말아라
너의 손 잡아줄 엄마가 곁에 있잖니

간보기

아침 밥상에서 그이가 화를 낸다
반찬이 너무 짜다며
짠 음식 혈압 높은데 해로운 줄 알면서
먹고 일찍 죽으라고 그러냐고 반찬 투정이다

새로 간을 보다가
은근히
미안한 마음은 간데없고
허구한 날 하는 음식
짤 때도 있고 싱거울 때도 있지
내가 무슨 기계냐고
맛없으면 먹지 말고 짜면 물 타먹으면 되지
마음속이 이랬다

송천에 가면

비 오는 날
송천에 가면 지금도
물귀신들이 잔치하느라
선어대 깊은 소에서 나와
간방소를 돌아
물길 따라 몰려오며 친다는
지잉 지잉 지잉
징으로 울리는
강울음소리 들을 수 있을까

달 없는 밤
지금도 송천에 가면
강물 위를 날아다니며
사람들 혼을 빼간다는
도깨비불 볼 수 있을까
무서움에 훌쩍이는 계집아이 달래는
어머니 베틀노래 들을 수 있을까

지금도 송천, 솔뫼에 가면.

꿈속 어매

검정 무명치마에 하얀 앞치마 두르고
흰 수건머리를 한 어머니가
가을걷이 끝난 들판을 빈 지게를 지고
걸어가십니다
애처로이 어머니를 부르는
내 목소리는 못 들으시는지
입동 무렵, 흙먼지 이는 빈 수수밭 가운데로
말없이 걸어가십니다
어머니를 부르며 좇아가다
수숫대에 걸려 넘어져
피 흐르는 무릎이 아파 울다가 깼습니다
어머니는 그 곳에서도
어린 딸 등을 다독이듯
수수 뿌리 털고 계신 것 같아
가슴이 아팠습니다

내가 태어난 곳은

안동군 임하면 송천동 629번지
딸아이가 자라 시집갈 때까지
쌀 두 주발을 먹지 못할 만큼 척박했던 곳
어느 날 외딴 오막살이에
한 여자 넋을 잃고 찾아와
어머니가 조밥 한 덩이 주었더니
숟가락으로 조밥덩이 쿡쿡 지르며
우리나라 금밥, 우리나라 금밥하더니
그냥 가버렸는데
그 금밥 나에게 배불리 먹이려고
어머니는 엄동에도 언 손에 북을 잡고
밤새워 베를 짰습니다
지금도 눈 소복이 내리는 밤이면
강 건너 용머리 둔덕에서 무섭게 울어대던
부엉이 울음 사이로 어머니가 부르시던
베틀노래 들리곤 합니다
불쌍한 나의 어머니는
그곳에서도 베를 짜고 계십니다

살구꽃 피면

살구꽃 피면
옥이 언니 고운 볼에 살구꽃 피던
그 해 봄날 생각난다
꽃샘 봄눈 무릎까지 차올랐던가
자주댕기 옥이 언니
노루처럼 눈밭을 뛰어가고
아제는 지게 작대 들고 뒤쫓아 갔지
옥이 언니 밤 마실 나갔다가
아제한테 들켜서 혼나는 중이라나
얌전하던 옥이 언니 밤 마실 간 이유를
철이 오빠는 봄눈 때문이라 하고
희야 언니는 살구꽃 때문이라 했으나
철없던 나는 알 수 없었지
봄이 오면
옥이 언니네 늙은 살구나무에도 꽃이 피고
철 잃은 봄눈이 내릴까 몰라
지금은 수몰이 된 고향마을

봄이 또 와 살구꽃 피면
그 해 봄날 생각난다

쌍무지개

어릴 적
조약돌 줍던 강에 여우비 내리면
쌍무지개 곱게 섰지
선녀문 찬란하게 하늘 위에 열리고
영롱한 오작교는 강물 위에 걸렸지

송아지 등을 쓸며 큰 아배 하신 말씀
— 무지개는 맑고 깊은 옹달샘에 뿌리를 내린단다
무지개 피워 올린 그 샘터 보고 싶어
뛰어가 다가서면 숨은 듯 안 보이고
저만치 다시 보면 나타나던 쌍무지개

세월의 구비마다
그 강변, 쌍무지개 그리웠지만
눈물 말라 흐린 눈엔 보이지 않아
별빛 총총 내려앉는 옹달샘 찾아
몸과 마음 두 눈, 욕심까지도

정성껏 뽀득뽀득 씻으면 보일까

보리밭에서

보리밭에 서면
우리 아배 근심 어린 눈빛이 보인다
보리는 여물지 않고
봄날의 하루해는 길기만 했던
보릿고개 어느 날

보리밭에 서면
담장 이웃 그 아이 생각난다
찔레 순 꺾다 가시에 찔린 손
보릿닢 따서 싸매주던
까까머리 그 머슴아

외나무다리 건너기

학은 외다리로도
잘만 서 있는데
나는
두 다리로도
외나무다리를 건너지 못한다
외갓집 가던 날
외나무다리 무서워
여울목 건너다
색동 코고무신 잃어버리고는
한번도
건넌 적 없는 외나무다리
강폭보다 넓은 세월 건너서
문득 흔들리는 다리 앞에 다시 서보니
무섭지는 않는데
균형 잃은 몸뚱이 가눌 수 없을 것만 같아
다릿목만 뱅뱅 돌다 돌아 왔다

고향

갈 수 없는 곳에 고향이 있습니다

메꽃이 유난히 곱던 봄날
한 친구가 도회로 떠나갔습니다
씁쓰레한 메꽃 뿌리로는
허기진 배를 채울 수 없었기 때문입니다

쾌나무에 소쩍새 울던 밤
또 한 친구가 떠나갔습니다
보리깜부기까지 훑어 먹어도 낫지 않는
배앓이가 싫었기 때문입니다

메밀꽃이 제 신명에 눈부시던 달밤에
남은 한 친구가 떠나갔습니다
메밀꽃이 만발한 가을에는
겨울 양식이 걱정되기 때문입니다

싸리 울타리 사이로 북풍이 불고
싸락눈이 내리면
외로운 나는
마른 수숫대가 서걱대는 들길을 쏘다니며
친구 이름들을 불렀습니다

생각만 하여도 서러운 내 고향
지금은 갈 수 없는
임하호 속에 있습니다

삶에서

어릴 때 뛰어 놀던 고향 마을엔
반 벙어리 온 벙어리 아이들 끼워
칠 남매 낳아 기른 할매 살았네
영감 없는 삶이 너무 고달퍼
날만 새면 그만 죽고 싶다고
노래하듯 악을 쓰며 길쌈을 하고

오뉴월 보리타작 가시랭이
달빛 물든 개울에 씻어 낼 때는
온 시름 다 잊은 듯
이럴 땐 천년만년 살고 싶다고
부르튼 입술로 웃으셨네

철없던 나는 자발없게도
할매처럼 살지 않겠다고 다짐하듯
먼 산 보며 종알댔지

세월은 나 모르게 저 혼자 가서
귀밑머리 희끗희끗 새치 섞이니
살고 죽음이 제 뜻 아니 듯
삶이란 그렇게 만만치 않음을
이제야 조금은 알 것도 같아
그 할매 무덤에라도 찾아가
질기디 질긴 삶에 고개 숙이고
철없어 그랬다고 사과드릴까

마당

내 마음속에는
커다란 마당 하나 숨어있다
철저히 외로울 때나
숨 막히는 삶이 지겨워질 때면
아무도 모르게 내 마당을 찾아
혼신의 힘을 다해 춤추고 노래한다
나의 마당에는
봄바람도 불고 채송화도 피고
암탉이 모이를 찾기도 하고
술 취한 아버지가
어머니와 싸우기도 한다
소낙비 내려 웅덩이 생기면
동생들과 벌거숭이로 물장난도 친다
탯줄을 태웠다는 돌담 밑 구덩이와
걸음마를 배웠다는
장독대 옆 감나무아래 작은 바위 밑을
줄지어 기어가던 개미 떼들

내 마당에는 꽃피고 열매 맺는
기쁜 날보다
먼지 일고 비 오는 날이 더 많았지만
내 오늘 무던히 살 수 있는 것은
내 작은 가슴속에 아무도 훔쳐 갈 수 없는
아름다운 마당하나 숨어 있기 때문이다

선어대 나루에서

어머니
눈이 옵니다 첫눈입니다
아직 얼지 않은 저 편 강물 위에 떠 있는
나룻배에도 눈이 내립니다
지난밤에는 당신과
이 나루를 건너다니는 꿈을 꾸었습니다
당신의 역사가 물풀처럼 엉켜있을 이 나루에
겨울새 한 마리 먼 기억처럼 떠다니며
무심히 고갯짓을 하고 있을 뿐
아무런 말씀도 없었습니다

눈이 옵니다 첫눈입니다
강 건너 대만 남은 수수밭 사이로
당신의 무명치마 언뜻언뜻 보이지만
이 강을 건너 갈 수가 없습니다
나룻배는 저 편 강둑에 묶여 있어
어쩌지 못하는 서러움에

시린 발을 동동거리며 애태우다
성급한 마음은 당신께 보내고
빈 몸뚱이로 강물 얼기를 기다리고 있습니다
어머니

달밤 · 1

하늘에 달이 있다는 것을 처음 안 것은
다섯 살 때 겨울 밤이었다
두 모녀 살던 외딴집에
낯선 아저씨 셋이 들어와
한뎃잠 잘 수 없으니 재워 달라 했다
놀라신 어머니 나를 뒷담으로 넘겨주며
얼른 가서 외삼촌 불러오라 했는데
나는
어머니와 돌담사이로 떨어진 것만도
무서운데
큰 밭 건너 외갓집엘 어떻게 가나 싶어
돌담을 기어오르며 악을 쓰며 울었더니
돌담 넘어 내 손을 잡으신 어머니
— 달이 저렇게 밝은데 무엇이 무서우냐
그때
울던 눈으로 쳐다본 하늘엔
희고 둥그런 무엇이 어른어른 했었는데

어린 맘에도

아, 저게 달이구나

생각했던 것 같다

달밤 · 4

전포동 산동네 사람들은
산골짝 바위 밑에 고이는 샘물 먹고 살았다
비쩍 말라 젓가락 같은 팔을 가졌던 나는
그 샘물 떠오는 일이 너무 힘들었지만
어쩌다 새벽 일찍 물 길러 가는 날엔
신나는 일도 있긴 했다
지난밤 누군가 굿을 하고 간 샘가에
타다 남은 양초와 시루떡, 과일이 있어
가져 올 수 있었기 때문이다
어떤 날은 너무 일찍 가서
무당들이 징을 치며
굿하는 모습을 구경하기도 했는데
서쪽으로 다 기운 희뿌연 달빛 아래
초립 쓰고 붉고 푸른 옷자락을 날리며
나비처럼 가벼이 춤추는 무당과 그 앞에
잘 차려진 굿상을 보면서
나도 크면 무당이 되어야지
다짐하기도 했다.

달밤 · 7

한 친구가 이상한 이야기를 했다
정월 대보름날
자정에서 한 시 사이에 뒷간에서
머리 풀고 소복입고 식칼 입에 물고
달빛에 거울 보면
장래 신랑 될 사람 얼굴이 보인다고 했다
열일곱 호기심에
보름밤 환한 달빛에 비춰본 거울에는
영화배우같이 잘 생긴
신랑감 얼굴이 아니라
장화홍련전에나 나올법한 귀신 같은
내 얼굴
지금도 보름달이 휘영청 밝으면
남몰래 웃어보는 추억 한 자락

달밤 · 8

아버지는
서른다섯 사월댁이 홀로 사는
토담집 봉창에다 돌을 던지고 있었다
한 번, 두 번, 세 번
불 꺼진 창안에선 기척도 없는데
아버지는 자꾸자꾸 돌을 던지며 담 밑을
맴돌고 있었다
살이라도 꿰뚫을 것 같은 섣달 열나흘 달이
이 광경을 내려다보고 있었다